RÉPUBLIQUE FRANÇAISE

DÉPARTEMENT DE LA CREUSE

RAPPORT

SUR LE

COLLÈGE D'AUBUSSON

PAR

M. G. TEYTON

ADJOINT AU MAIRE

AUBUSSON
Imprimerie E. CHARPENTIER 44, Grande Rue

1923

RÉPUBLIQUE FRANÇAISE

DÉPARTEMENT DE LA CREUSE

RAPPORT

SUR LE

COLLÈGE D'AUBUSSON

PAR

M. G. TEYTON

ADJOINT AU MAIRE

AUBUSSON
Imprimerie E. CHARPENTIER 44. Grande Rue
1923

RAPPORT

SUR LE

COLLÈGE D'AUBUSSON

Chers Collègues,

Vous m'avez, dans notre dernière séance, sur la proposition de M. le Docteur Dupic, choisi pour vous faire l'historique de notre Collège et vous en exposer la situation morale et matérielle.

J'ai l'honneur de vous soumettre ce travail. J'espère que mon rapport vous apportera tous les renseignements utiles et que c'est en pleine connaissance de la question que nous pourrons aborder la discussion du renouvellement décennal : renouvellement qui doit faire aujourd'hui le principal objet de nos débats.

Historique

Il faut remonter jusqu'en 1790 dans les archives de notre cité pour assister à la création d'un Etablissement secondaire.

Alors s'ouvrit dans notre ville l'Ecole Centrale ou Collège départemental. — Je vous fais grâce des difficultés que rencontra son organisation, des demandes, des intrigues de la commune de Guéret qui désirait posséder un « établissement aussi avantageux. »

L'Ecole Centrale fut fréquentée et son enseignement fournit des hommes remarquables dans toutes les situations. Elle jouissait d'une belle prospérité quand les décrets de l'an IX, organisant l'Université, fermèrent ses portes.

Pendant une trentaine d'années, Aubusson, fut dépourvue d'Ecole secondaire. — En 1834, le besoin impérieux de restaurer l'étude des humanités se fit à nouveau sentir dans notre ville toujours portée vers les Lettres et les Arts. Noble projet, mais qu'on pouvait presque taxer d'ambitieux et de chimérique. L'instabilité des régimes n'avait pas enrichi les gouvernements qui se succédaient. Les subventions étaient minimes et réservées en général aux grands centres.

La caisse de notre ville était non pas épuisée mais vide et cela à cause des créations de première nécessité : Hospice, Cimetière, Hôtel-de-Ville, Voies de communication entre les divers quartiers, Abattoir public, etc... On ne pouvait rien, la Municipalité était impuissante à encourager de ses fonds cette belle initiative.

C'est alors que dans un élan de générosité qui fait le plus grand honneur à leur patriotisme local qu'un groupe d'hommes éclairés résolut de réaliser, de ses propres deniers, ce que les pouvoirs publics n'étaient pas en mesure d'accomplir. Une société fut constituée le 8 février 1835 et en moins de quinze jours, réunit un capital de 93.600 francs au moyen de 156 actions de 600 francs chacune. L'acte de société fut établi par Me Hippolyte Grellet, notaire à Aubusson.

Voici les clauses importantes :

« Lesquels comparants, (au nombre de 134) voulant « concourir de tous leurs efforts à la propagation de « l'instruction publique dans le département de la « Creuse et surtout dans l'arrondissement d'Aubusson,

« ont résolu de fonder à leurs frais un Collège dans la « ville d'Aubusson, et considérant que cet établissement « est réclamé comme un besoin de toutes les classes de « la société, autant à cause des progrès de l'instruction « primaire pour laquelle le Gouvernement sorti de la « Révolution de Juillet a créé une école dans chaque « commune qui, en raison de l'importance de la ville « d'Aubusson et de la prospérité de ses manufactures « et de son commerce ; convaincus enfin que rien n'at- « testera plus le développement de la raison publique et « le patriotisme éclairé de cette cité que le concours « d'un grand nombre de citoyens à un établissement « aussi éminemment utile ;

« Dans cette vue, les dits comparants se sont réunis « spontanément et ont arrêté en Assemblée générale les « statuts de leur Société ainsi et de manière qui suit :

Article premier. — « Il y aura à partir de ce jour « société entre les comparants à l'effet d'établir un Col- « lège en cette ville d'Aubusson sur un terrain qui sera « désigné par l'Assemblée générale des actionnaires et « au scrutin. Le choix du terrain sera suffisamment « constaté par l'extrait du procès-verbal de l'Assemblée « et certifié par MM. J.-J. Sallandrouze, Grellet-Aumont, « Michel Dayras jeune, Delavallade, pharmacien, et « Hippolyte Grellet, membres de la Commission nommés « par l'Assemblée pour rédiger les statuts du présent « acte de société ; etc...

« Art. 2. — La Société ainsi établie se composera « d'actions de six cents francs chacune, dont le nombre « ne pourra être limité que par une délibération d'As- « semblée générale des actionnaires. Toutefois elle « n'aura d'effet qu'autant qu'il y aura cent cinquante « actions, prises par acte authentique, etc...

« La dite Société est contractée pour ***cinquante ans.***

« Art. 3. — « Chaque action sera justifiée par l'ex-
« trait du présent acte etc... (suivant les conditions de
« paiement de chaque action et son libellé).

« Art. 4. — Il n'y aura aucune solidarité entre les
« actionnaires, etc...

« Art. 5. — Toutes les fois qu'il y aura lieu à une
« Assemblée générale, les voix seront comptées sauf
« l'exception ci-après, par action et non par actionnaire.
« Les absents pourront se faire remplacer par des man-
« dataires. »

« Art. 6. — Le Conseil d'Administration sera com-
« posé de cinq membres et d'un trésorier, lesquels seront
« choisis en Assemblée générale à la majorité des
« actionnaires.

« Ce Conseil aura un président et un secrétaire nommés
« à la majorité des voix par le Conseil même. Il sera
« nécessaire de trois membres ayant voix délibérative
« dans la délibération. Les fonctions des membres du
« dit Conseil dureront trois années.

« Ils pourront toujours être réélus. Toutes les dites
« fonctions seront gratuites. Il y aura dans la dernière
« quinzaine du mois d'août, une Assemblée générale
« des actionnaires où il sera tenu compte de la situation
« de la Société et où il sera procédé à la recomposition
« du Conseil d'Administration.

« Art. 7. — Les fonctions du Conseil d'Administra-
« tion consistent :

« 1° Dans l'acquisition du terrain sur lequel sera
« établi le dit Collège ainsi que les dépendances de
« celui-ci ;

« 2° Dans la construction des bâtiments qui le compo-
« seront et leur ameublement ;

« 3° Dans la rédaction de tous réglements pour l'Ad-
« ministration intérieure ;

« 4° Dans le choix des Professeurs et autres personnes
« qui seront attachées au dit Collège ;

« 5° Dans le droit de faire tous appels de fonds d'après
« les règles expliquées à l'art. 3 et de faire toutes pour-
» suites pour le recouvrement ;

« 6° Enfin de convoquer l'Assemblée générale des
« actionnaires toutes les fois que son intervention sera
« jugée nécessaire, etc.

« Art. 8. — La Société pourra être dissoute qu'après
« une délibération prise en Assemblée générale à la
« majorité des quatre cinquièmes des actionnaires pris
« individuellement, etc.

« Art. 9. — Les actions pourront être cédées ; toute-
« fois le cédant sera tenu de déclarer son intention un
« mois avant au Conseil d'Administration, etc.

« Dans aucun cas, aucun actionnaire ne pourra réunir
« dans sa main plus de cinq actions.

« Art. 10. — La ville d'Aubusson représentée par le
« Maire, pourra toujours par exception à l'article précé-
« dent acquérir des actions en tel nombre qu'il lui
« plaira. Elle pourra même user à cette fin de la
« voie d'expropriation en remboursant à chaque action-
« naire, le capital de son action et les intérêts à raison
« de cinq pour cent. Dans ce cas les actions que la ville
« voudra acquérir seront tirées au sort, en Assemblée
« générale. »

Art. 11. — Il est relatif au dividende à distribuer aux actionnaires en cas de bénéfice.

« Art. 12. — Dans le cas ou la propriété d'une action
« viendrait à plusieurs héritiers ou ayants-droit, ils

« seront tenus de s'accorder pour se faire représenter « par un seul d'entre eux, etc.

« Art. 13. — Il est bien entendu que dans aucun cas « il ne sera fait aucun appel de fonds si ce n'est pour « cause d'accident ou d'événement de force majeure.

« Il est bien entendu aussi que la ville substituée aux « actionnaires en vertu de l'article 10 ci-dessus ne « pourra changer la ***destination de l'établissement.*** Dont « acte, etc. »

En vertu de ses pouvoirs le Conseil d'Administration fit l'acquisition d'un terrain et fit dresser les plans de la construction projetée. Le devis de soixante mille francs, le mobilier, les frais de premier établissement et trois ou quatre mille francs de non valeurs dans le fonds social, absorbèrent non seulement tout le capital mais créèrent un déficit de 25.000 francs.

En 1837, devant cette situation peu brillante, le Conseil municipal voulut bien pour la première fois venir en aide aux actionnaires : il vota une subvention de 3.000 francs (délibération du 15 août 1837), apport bien minime, bien insuffisant que la Société garantit par cinq actions. Enfin pour pallier au déficit, en vertu de leurs statuts, les sociétaires réunis en Assemblée générale décidèrent le 13 mai 1838 de faire un nouvel appel de fonds. Il fut établi de nouvelles actions et des coupons d'actions avec privilège de remboursement sur la première émission. Ces avantages tentèrent peu de bourses. Soixante actionnaires seulement souscrivirent pour un sixième d'action ce qui n'apporta à la caisse qu'une somme de 6.000 francs.

Le manquant garanti par la ville fut couvert en 1897, par un emprunt.

Après les difficultés financières, la Société eût à parer

aux exigences de l'Administration. La construction achevée, les bâtiments aménagés, le tout prêt à fonctionner, il fallut s'occuper des démarches et des préparatifs préliminaires relatifs à l'ouverture du Collège. En conséquence, le 15 juillet 1838, en Assemblée générale, le Conseil d'Administration reçut plein pouvoir pour entamer les pourparlers. A cet effet, il s'adressa à l'Université. Cette dernière, conformément à sa coutume avant d'autoriser l'ouverture du Collège et avant d'envoyer des fonctionnaires pris dans son sein, exigea que l'établissement, avec son mobilier usuel et scientifique passât au nom de la commune d'Aubusson. En outre cette dernière devait s'engager à garantir l'intégralité du traitement du personnel.

Ces conditions ne furent pas un obstacle. Les actionnaires louèrent à la ville leurs meubles et immeubles sous la réserve par celle-ci d'y ouvrir ***un Collège de plein exercice***, à partir du 1er octobre 1838 et d'assumer les frais de contributions, les dépenses d'entretien et les traitements des « régents ».

En date du 5 août 1838, la Municipalité accepta la proposition du Conseil d'Administration ainsi qu'en fait foi l'acte notarié qui suit :

« Les membres du Conseil d'Administration ci-des-
« sus désignés concèdent à titre de bail à la commune
« d'Aubusson représentée par M. le Maire acceptant pour
« six années révolues la jouissance pleine et entière
« des bâtiments et autres dépendances destinés à établir
« un Collège dans la ville d'Aubusson, quartier Saint-
« Jean, tels que les dits bâtiments et dépendances se
« constituent et se comportent à ce jour sans autres
« réserves et charges que celles qui suivent :

« 1° La commune d'Aubusson s'oblige à établir d'ici

« au 1er octobre prochain dans les établissements con-
« cédés en jouissance, tout le matériel et le personnel
« nécessaires pour l'organisation d'un Collège commu-
« nal selon les règles résultant des lois, ordonnances et
« instructions de l'Université de France. »

« 2° La commune emploiera aux dépenses exigées
« par cet établissement d'abord la subvention que le
« Conseil municipal mettra annuellement à sa disposi-
« tion, ensuite toutes les sommes provenant de la pen-
« sion des élèves internes, ainsi que la rétribution des
« externes ; le surplus si surplus il y a, après le payement
« des contributions, restera en masse, jusqu'à ce que le
« Conseil d'Administration du Collège juge convenable
« d'en faire un dividende entre les actionnaires suivant
« le mode qu'il se réservera d'établir. »

« 3° Il sera fait avant la prise en possession de la
« commune un inventaire du mobilier appartenant à la
« Société des actionnaires lequel sera remis à M. le
« Maire. »

« 4° Les parties seront tenues de s'avertir un an à
« l'avance de leur intention de résilier le présent bail
« après l'expiration de six années. A défaut d'avertisse-
« ment il y aura lieu de plein droit toute reconduction
« entre les parties contractantes pour six autres années. »

Et voilà les clauses principales par lesquelles, le Conseil d'Administration se démettait, sous les conditions sus-indiquées, plaçant sous la sollicitude de la ville d'Aubusson l'établissement édifié en lui donnant ainsi le caractère de Collège communal.

Avant de poursuivre permettez-moi, Messieurs, de mettre en relief et de souligner le beau geste de ces concitoyens, de ces pères de famille qui agissaient d'une façon si admirable et si désintéressée. On ne pouvait espérer de créanciers moins exigeants. Ceux-ci comme les faits vont le prouver ne réclamèrent jamais d'intérêt et même ne se préoccupèrent jamais de leur capital.

Ayant satisfait aux conditions de l'Université tout semblait faire prévoir que le Ministre de l'Instruction publique allait prononcer l'ouverture de l'établissement pour la rentrée prochaine. Aussi la surprise de tous fut-elle grande quand on apprit, par lettre ministérielle du 12 septembre 1838, que le projet d'autorisation était ajourné « *sine die* » et sans motif.

— Devant cet état de choses, le 20 septembre 1838, le Conseil municipal prit à l'unanimité la délibération que voici :

« Considérant que l'établissement d'un Collège com-
« munal dans la ville d'Aubusson est un projet d'une
« utilité incontestable et si hautement reconnue qu'il y a
« lieu de penser que M. le Ministre de l'Instruction
« publique, mieux informé, s'empressera de lever les
« entraves qui y ont été apportées ;

« Qu'il s'agit en effet de créer un foyer d'instruction
« au sein d'une population industrieuse, amie de vos
« institutions libérales, et trop peu aisée pour envoyer
« ses enfants dans les Collèges éloignés ;

« Qu'un tel projet loin d'être vu avec défaveur par
« M. le Ministre de l'Instruction publique semble devoir
« attirer toutes ses sympathies et tous ses encourage-
« ments : »

« Considérant qu'il y a lieu de se pourvoir auprès de
« M. le Ministre et de le supplier de lever sans retard
« les obstacles apportés à l'établissement et à l'ouverture
« du Collège projeté ;

« Qu'il y a les intérêts les plus chers d'une ville et
« que déçue dans ses légitimes espérances n'hésite pas
« à attribuer, à tort sans doute, les difficultés élevées

« par l'autorité supérieure à l'influence de Monseigneur « l'Evêque de Limoges et à des établissements voisins « menacés dans leur prospérité.

« Pour ces motifs :

« Le Conseil, sans rien préjuger, supplie M. le Minis- « tre de vouloir bien adopter le projet d'établissement « d'un Collège communal, dans la ville d'Aubusson, « tel qu'il lui a été présenté par M. le Recteur, dans sa « lettre du 14 août dernier, de telle manière que le Col- « lège puisse être ouvert comme les autres Collèges « communaux le 20 octobre prochain. »

Nomme MM. Hippolyte Grellet, J.-J. Sallandrouze, deux de ses membres, auxquels le Conseil espère que M. Nalèche, Sous-Préfet, voudra bien s'adjoindre à ses commissaires à l'effet d'apporter à M. le Ministre la présente délibération.

Cette supplique, où est empreint tout le patriotisme qui animait nos concitoyens d'alors, porta ses fruits et par ordonnance royale de 1838 contresignée de Salvandy l'autorisation fut accordée. Elle est ainsi libellée :

Article Ier. — Il est créé dans la ville d'Aubusson (Creuse) un Collège communal lequel sera placé en les bâtiments de la dite ville, quartier Saint-Jean, qui ont été établis et offerts par une Société d'actionnaires qui est mentionnée dans la délibération du Conseil Municipal du 5 août 1838.

Art. II. — Le Conseil Municipal d'Aubusson devra garantir les traitements des fonctionnaires de l'établissement et les porter chaque année au budget communal avec les autres sommes qui pourraient être nécessaires à l'installation du Collège.

Signé : Louis PHILIPPE et SALVANDY.

Cette ordonnance ouvre l'ère de la période de calme. La Société fondatrice ne pouvant plus placer d'actions, sollicita et obtint le consentement de la commune pour réaliser par voie d'obligations un emprunt destiné à combler la somme de 20.000 francs qui lui manquait. Jusqu'en 1897 le budget communal chaque année paya l'intérêt. A cette époque la Cour des Comptes exigea un emprunt. Ce dernier fut fait au Crédit Foncier et les titres furent remboursés.

Depuis sa fondation, les mêmes bases régissent la vie du Collège ; la ville a continué son bail par tacite reconduction soit par renouvellement. On trouve dans les archives traces de ces actes aux époques suivantes :

En février 1852 le Conseil approuve un nouveau bail de six ans semblable à celui de 1838, stipulant en outre les deux clauses consenties bénévolement jusqu'ici par la ville qui sont :

1° Les frais d'assurance ;

2° Le payement des intérêts de la somme de 20.000 fr. dus par la Société,

Seraient acquittés par la commune.

En 1862 nouveau bail.

Enfin en 1868 dernier contrat. Il est d'une durée de 5 années et construit sous les mêmes termes et conditions que les précédents et spécialement pour y maintenir un *Collège de plein exercice*. Depuis cette date des accords pour le renouvellement eurent lieu entre l'Etat et la Municipalité sans que jamais les fondateurs ou leurs héritiers aient cherché à avoir voix aux débats, sans que jamais on nous ait contesté le droit de propriété.

Et pourtant il est légitime de se poser cette question :

Le Collège appartient-il à la ville ?

Il est difficile de répondre catégoriquement et je me contenterai, par défaut de compétence, de vous résumer les opinions ou les démarches des jurisconsultes qui ont siégé au Conseil Municipal.

Opinion de Me Sarciron, avoué. — Dans un rapport en 1875 Me Sarciron expose au Conseil Municipal que devant les charges qui incombent au budget communal (garantie d'intérêt de 20.000 francs d'obligations émises par la Société, aide de 4.000 francs au Principal, entretien des bâtiments, contributions) qu'il est logique que la ville devienne seule et unique propriétaire.

— Ce droit réside pour le moment en la personne des actionnaires, mais qu'en fait par les créances consenties, par l'action, il est supporté tout entier par la commune. Il propose donc pour mettre un terme à cette anomalie d'organiser une Commission permanente qui serait chargée de rechercher tous les porteurs d'actions. Cette conclusion fut adoptée mais il ne semble pas, par la suite, qu'elle ait donné un résultat.

— En feuilletant les registres je n'ai trouvé l'abandon que de trois actions (11 mai 1876 M. Victor Maingonnat ; 28 février 1885 Mme Stéphane Grellet et 14 mars 1885 MM. Rebière frères).

— Quelques années plus tard en décembre 1890 une Assemblée générale des actionnaires décida de demander au Conseil Municipal si moyennant un abandon d'un certain nombre d'actions celui-ci serait décidé à maintenir aux frais de la ville et à perpétuité un *Collège de plein exercice*.

Le 5 janvier suivant le Conseil Municipal affirmait sa volonté de maintenir le Collège et demandait en conséquence l'abandon d'au moins 80 actions. On convoque à nouveau les actionnaires mais ceux-ci, le 12 janvier de la même année, ne se présentèrent qu'en nombre insuffisant. Il fut impossible de prendre une décision et cette démarche échoua.

Opinion de Me Clément, avocat. — En 1900 Me Clément amené à étudier cette question dans le rapport qu'il présenta pour le renouvellement de l'engagement décennal émit l'opinion suivante :

Avant 1885, date à laquelle expirait l'acte de Société, la ville aurait pu facilement devenir propriétaire du Collège mais depuis cette époque les difficultés sont nombreuses et presque insurmontables. En vertu de l'article 1872 du Code civil, les partages entre les membres d'une société dissoute, se réglent d'après les régles instituées pour les partages entre co-héritiers. Il faudrait donc réunir l'unanimité des actions et opérer ensuite soit par voie de licitation soit par voie de saisie-immobilière. Procédé dispendieux. Il serait insensé de vouloir réunir tous les héritiers disséminés et il ne serait pas plus sage d'entamer une procédure interminable qui risquerait de se compliquer chaque jour par de nouvelles mises en cause pour tout héritier mourant pendant le laps de temps que durerait cette instance.

On pourrait dit-il aussi être tenté d'exproprier pour cause d'utilité publique. Cette solution du reste prévue par l'acte de société à l'article dix ne vaut pas mieux. Avec ou sans le secours de l'Etat, nous deviendrions propriétaire de l'immeuble mais à la condition expresse de ne pas changer la destination du bâtiment. Cette procédure serait onéreuse et propriétaire nous ne serions pas davantage les maîtres.

Opinion de Me Latrige, avocat. — Enfin pour terminer l'étude de ce point délicat je vous donne l'avis de notre Maire, M. Latrige, opinion que j'emprunte à sa lettre

répondant à la demande de M. le Recteur, qui désirait connaître les conditions dans lesquelles a été édifié le Collège d'Aubusson. Il dit : « Un terrain fourni et cons-
« truit par une société pour l'établissement d'un Collège
« communal ; si ce Collège venait à être supprimé, nous
« nous trouverions dans la même situation qui a été faite
« aux congrégations, à cette différence seulement qu'il
« s'agit ici d'enseignement laïque ; certains actionnaires
« au moins saisiront la justice de leurs droits et l'école
« primaire supérieure récemment créée et annexée au
« Collège serait mise à la porte. Il y a là une situation
« extrêmement sérieuse. J'en ai d'ailleurs saisi MM. les
« Représentants de la Creuse et je vais faire remettre par
« eux un mémoire à M. le Ministre de l'Instruction
« publique et à M. le président Daniel Vincent. »

— Ces trois documents ci-dessus, en somme se résument ainsi :

Malgré ses grosses participations, la ville n'est nullement propriétaire de l'établissement. Elle en jouit de fait et non légalement que parce qu'elle y maintient un *Collège de plein exercice*.

Vie du Collège

J'entends sous ce titre vous traiter de la fréquentation et de l'organisation matérielle et morale de l'établissement.

Sa prospérité n'en est pas marquée par un progrès continu.

La courbe de son développement eut des hauts et des bas, vicissitudes qu'on peut imputer à la mauvaise direction et à l'instabilité résultant des traités toujours trop courts.

Je vous signale ces causes mais comme moi vous les déduirez de l'exposé que j'aborde de suite.

— Comme toute nouvelle chose est toujours belle, les premières années 1838-1842 amenèrent au Collège un effectif de 51 pensionnaires et de 60 externes. C'était un résultat magnifique qui dépassait les prévisions optimistes. — 1843 accuse une prospérité encore plus grande : il y a 55 pensionnaires, 5 demi-pensionnaires, 50 externes et il faut ajouter à ces chiffres les 10 internes et les 12 externes de la classe primaire. La direction est confiée à un principal qui reçoit de la ville une subvention de 6 000 francs. Les régents (professeurs) sont au nombre de dix et dirigent chacun une classe. A ce personnel il faut ajouter deux maîtres d'étude et un aumônier.

— Mais en dépit du grand nombre d'élèves la situation financière du Collège n'était pas brillante.

— En 1842, le principal, M. Nadaud, présente un déficit de 1.741 francs. La ville endosse cette dette mais demanda et obtint le déplacement de ce mauvais administrateur.

— Afin d'éviter le retour d'un fait semblable on décida d'adopter le système « de régie » qui consiste à confier l'internat à un économe. La ville est responsable : elle encaisse les bénéfices mais elle subit les pertes. Elle est représentée par le Principal qui reçoit pour cette surveillance un traitement de 2.600 francs et le logement en sus.

— Ce mode d'organisation établit une lutte journalière, fit naître une opposition constante entre le Principal et l'Econome, opposition qui fut néfaste au Collège et dès 1845 on revint au système d'abonnement.

De nombreux principaux se succédèrent jusqu'en 1852

mais aucun n'apporta les qualités nécessaires à un bon directeur et l'établissement déclina.

— En 1851 on ne comptait plus que 15 internes, 3 demi-pensionnaires, 24 externes.

— En 1852 même la situation s'aggrave, les dettes s'étant accrues, les régents attendaient avec une légitime impatience la majeure partie de leur traitement de l'année scolaire 1847-1848.

— Le Conseil municipal, en outre, hésitait à renouveler le bail. L'incertitude du lendemain, s'ajoutant à la crise financière, c'était la mort certaine.

Une fois encore les actionnaires, qui veillaient sur leur œuvre, unirent leurs efforts pour le sauver. Ils incitèrent l'un des régents du Collège, M. Bertrand, à poser sa candidature comme principal. Celui-ci, né Creusois, possédait aux environs de Bellegarde une grande propriété et ainsi apportait toutes les garanties morales et financières désirables. Il s'engagea à payer les traitements de tout le personnel, à faire toutes les réparations locatives et à entretenir le mobilier moyennant une subvention de 3.000 francs (trois mille), l'abandon de la rétribution des externes et de la pension des internes. Cette offre fut acceptée par le Conseil municipal et M. Bertrand fut nommé principal en date du 8 février 1854.

Cet homme fut le modèle des directeurs, le Collège reprit bien vite son ancien éclat.

— Dès 1853, il avait recruté 22 pensionnaires et 30 externes, Chaque année, la population scolaire augmenta et quand il prit sa retraite, le Collège avait 90 pensionnaires et 30 externes.

— Le budget total à cette époque s'élevait à 9.400 fr. la part de la commune étant de 4.000 francs (3.000 fr. d'après le contrat et 1.000 francs pour le cours d'enseignement spécial, nouvellement créé).

— De 1874 à 1887 se succèdent comme principaux MM. Raffy, Brault, Bourson. Avec eux un nouveau fléchissement se produisit. Le budget pendant ce laps de temps fut de 11.190 francs dont 4.800 francs à la charge de la commune.

— De 1887 à 1914 la marche du Collège fut plus régulière et son effectif se maintint entre 80 et 110 élèves.

— Son enseignement était complet, toutes les classes existaient et le Collège préparait avec un succès égal à celui de ses voisins aux baccalauréats, aux arts et métiers et aux brevets.

— Durant cette période les charges de la commune furent les suvantes : période 1887-1900 : 8.000 francs par an ; période de 1900-1914 : 6.000 francs par an. Ces différences résultent des traités passés entre la ville et l'Etat.

— Enfin à ces chiffres, il faut ajouter les deux emprunts, l'un de 21.750 francs (rachat des obligations) l'autre de 7.204 francs (réparations urgentes). Du reste sur cette dernière somme l'Etat a fourni sa côte part ; 50 % soit 7.204 francs.

— J'arrive maintenant à la période de guerre.

— Notre Collège a subi les contre-coups de cette rude épreuve. Il fut réquisitionné comme hôpital militaire et pendant deux ans, l'internat, les études surveillées furent supprimés. Les classes avec les quelques professeurs non mobilisés qui restaient se firent dans des locaux quelcònques.

Beaucoup d'élèves furent retirés, le recrutement ne se fit plus, les classes de bases disparurent.

Du reste voici le tableau récapitulatif de ces temps :

1915-1916, 42 élèves, pas de pensionnaires.

1916-1917, 45 élèves, 5 pensionnaires.
1917-1918, 60 — 10 —
1918-1919, 60 — 11 —
1919-1920, 62 — 11 —

Enfin en 1920 M. Rascol, principal, reçut son changement en septembre et la rentrée se fit en octobre sans que personne ne fut nommé pour le remplacer.

Cette incurie de l'administration fit baisser encore le recrutement.

1920-1921 compte 48 élèves dont 7 pensionnaires.
1921-1922 — 60 — 10 —

— Le budget subit la hausse de l'époque.

Je vous soumets afin d'établir une comparaison les bilans de 1909 à 1914 et de 1914 à 1922.

Du 1er janvier 1909 au 31 décembre 1914

Recettes............................	218.597 65
Dépenses............................	219.383 72
Excédent des dépenses......	786 07

Du 1er janvier 1914 au 31 décembre 1922

Recettes............................	684.175 86
Dépenses............................	720.285 18
Excédent des dépenses.........	36.109 32

Durant la période 1914-1922, l'Etat n'a pas tenu ses engagements et n'a pas encore payé sur le déficit les 90 % qu'il s'était engagé à verser. La ville seule a supporté cette charge, mais elle a confiance en la parole du Ministre de l'Instruction publique, qui a promis d'appliquer intégralement le traité aux collèges réquisitionnés comme hôpitaux.

Le Conseil municipal n'a d'ailleurs donné depuis 1915 son approbation aux budgets du Collège que sous la réserve que cette clause serait respectée.

La solution de cette question ne saurait tarder, des enquêtes ayant été faites par les Ministres intéressés.

Les résultats obtenus par notre Collège durant cette période de crise ne sont pas à dédaigner. Je vous soumets le tableau des trois dernières années.

1919 : 11 élèves présentés au baccalauréat :

3 furent reçus à la 2e partie.

3 furent reçus à la 1re partie.

1 admissible.

Les autres ayant échoués à la session de juillet et les parents ayant quitté Aubusson passèrent en octobre leur examen dans les Facultés de Nancy, Paris et furent reçus.

1920 : 8 élèves présentés au baccalauréat :

2e partie : 3 reçus.

1re partie : 2 reçus.

6 élèves présentés au brevet élémentaire :

Session de juillet : 1.

Session d'octobre : 5.

1921 : 2 élèves présentés au baccalauréat.

Pas de résultat.

Les examinateurs, voulant relever le niveau des études tombé du fait de la guerre, furent difficiles et il y eut une hécatombe générale dans tous les établissements.

Ces mêmes élèves allèrent recommencer leur rhétorique au Lycée de Montluçon où ils furent les meilleurs de leur classe.

Ces résultats peuvent être mis en parallèle, avantageusement même, avec ceux de n'importe quel établissement secondaire. — J'ai vu passer bien des élèves durant ma carrière de professeur au Collège, et ma grande satisfaction a été de les voir réussir tous, quelle que soit la situation qu'ils aient choisie. Plusieurs se destinant aux grandes écoles quittèrent le Collège pour rentrer directement dans les lycées de Faculté ou dans ceux de Paris. Nulle part ils ne furent inférieurs et tous se classèrent dans un très bon rang.

Depuis 1922, pour parer à la crise des effectifs et pour satisfaire à la tendance de l'époque nous avons jugé utile de demander l'adjonction au Collège d'une Ecole primaire supérieure. Des délibérations à ce sujet ont été prises par le Conseil d'Administration et par le Conseil Municipal.

Les meilleures causes, pour réussir, ont besoin d'un appui et c'est pourquoi nous avons sollicité l'aide de nos représentants. Malgré ce concours, notre demande d'abord fut rejetée. Il était impossible de nous donner satisfaction : les crédits manquaient, les deux bureaux du Ministère qui s'occupent l'un de l'enseignement secondaire, l'autre de l'enseignement primaire voulaient s'ignorer et n'étaient pas disposés à se venir en aide. M. le député Connevot voulut bien prendre en main cette affaire et suscita une démarche collective de tous nos représentants (Maire d'Aubusson, Députés, Sénateurs de la Creuse) auprès du Ministre de l'Instruction publique. La délégation obtint gain de cause.

Je me permets d'adresser ici mes remerciements et les vôtres à tous nos élus en réservant une mention toute spéciale à M. Connevot, que sa conscience de bon et éclairé républicain avait acquis à notre juste cause et qui s'est dépensé sans compter.

Cette création me donne confiance dans l'avenir. L'Ecole primaire supérieure ouverte depuis le 1er octobre 1922 a ramené une certaine prospérité. Nous avons 4 élèves en 3e année, 8 en 2e année, 22 en première année et 21 au cours préparatoire.

Le Collège a 27 élèves dont 6 dans le 2e cycle et 21 dans le 1er cycle.

Le tout forme une population scolaire de 76 élèves dont 29 pensionnaires.

Ces deux organismes Collège et Ecole primaire supérieure font bon ménage. Ils sont parallèles et distincts. Cependant le programme de culture générale est donné en commun aux deux catégories d'élèves. Il y a séparation pour les matières spéciales qui correspondent, pour les uns au latin grec, langues, et pour les autres aux sections primaires supérieures, industrielles, commerciales. On se vient en aide, on se supplée pour le bien de tous.

Je vous soumets un tableau des dépenses des deux institutions connexes pour l'année 1922-1923.

Recettes

Externat surveillé	3.754 50
Externat libre	1.287 »
Total	5.041 50

Excédent des dépenses 6.950 fr. — 5.041 fr. 50 = 1.908 fr. 50.

Dépenses

Entretien des bâtiments	300 »
id. du mobilier	100 »
id. du mobilier scientifique	200 »
A reporter	600 »

Report........	600	»
Chauffage de l'externat..................	3.000	»
Frais de cours de sciences..............	150	»
Frais de correspondance et impression...	400	»
Distribution des prix....................	500	»
Concierge............................	800	»
Traitement de l'agent spécial............	1.500	»
Total........	6.950	»

Il a été payé en outre 5.361 fr. 62 pour travaux d'installation de l'Ecole primaire supérieure.

La réunion a de plus l'avantage de faciliter le passage d'un enseignement à l'autre. J'entends par là permettre aux bons élèves de l'enseignement primaire de passer dans l'enseignement secondaire et aux élèves mal doués, qui se sont fourvoyés dans ce dernier, de revenir aux études primaires.

Je vous vois sourire, je vous entends murmurer, on est pas plus fier de son métier, on ne saurait être plus orgueilleux ; je suis professeur de l'enseignement secondaire et par là je vous suis suspect.

Permettez-moi cependant, Messieurs, de vous développer mon idée, vous verrez qu'il n'y a pas de fatuité, vous vous apercevrez que je ne prône pas l'un au dépens de l'autre, et que mon opinion n'est pas très différente de la vôtre, de celle de tout le monde.

Le discrédit dont l'enseignement secondaire est en butte en ce moment est né de la guerre. La raison est simple. Les Allemands nous avaient imposé une lutte barbare que le courage légendaire de notre nation ne pouvait seul terminer à son avantage. Que pouvait l'héroïsme contre le machinisme ! Quand commença cette guerre il fallut abandonner notre idéalisme, il fallut abandonner la recherche du beau, du noble pour devenir pratique.

La victoire était au prix d'efforts incessants, et serait le lot de celui qui posséderait le plus de munitions, le plus de matériel. La France improvisa et sur son sol surgit bien vite, un peu partout des usines. En tournant des obus des fortunes s'édifièrent. Pour devenir riche dans ces temps que fallait-il? Produire beaucoup, encore et toujours ! Avoir de la volonté et de l'initiative !

La guerre terminée ce point de vue, qui avait transformé tant de situations, prévalut et il nous resta comme devise journalière celle de Danton « de l'audace et toujours de l'audace et encore de l'audace. »

Ajouter enfin l'aspiration de chacun au bien être, recherche très légitime et que nous tentons d'acquérir d'autant plus jalousement, que pendant six années nous avons souffert.

J'arrête là mon tableau, ce n'est pas une digression, c'est à lui que j'emprunte la plus grosse partie de mes arguments pour donner aux humanités la place qui leur revient. A quoi bon rechercher les finesses du grec et du latin ! A quoi bon se torturer l'esprit à entasser des mathématiques, de la physique, de la chimie ! Spéculations illusoires ! Capital perdu ! Puisqu'on n'arrive pas plus vite au but cherché. Emmagasiner de la science, c'est perdre dira-t-on des années d'activité et par suite fruster l'Humanité ! A ce compte pourquoi ne pas aller plus loin et dire que le commerce des auteurs est funeste, qu'il éloigne de l'idéal poursuivi — l'argent et la science s'ignorant toujours. Un tel état d'esprit est devenu commun et c'est à lui qu'est dû la ruée du grand nombre vers les études primaires supérieures, moins longues, moins théoriques, plus pratiques. Dans le primaire on donne une culture moins générale. On s'adresse moins au jugement, au raisonnement et davantage à la mémoire. On acquiert un aperçu sur tout ; l'homme est armé d'un verni d'instruction, plutôt que d'un savoir solide et pour cette raison il est moins apte à approfondir ses connaissances. Et puis l'attrait vers cet enseignement réside dans l'illusion des programmes. Etablis plus récemment ceux-ci sont plus attrayants à première vue pour celui qui les parcourt d'une façon superficielle. Ils semblent peu différents des plans d'études du secondaire et semblent donner autant dans une scolarité beaucoup moins longue. On a tout avantage à suivre des cours qui à 16 ans vous garantissent par un examen côté des connaissances théoriques suffisantes et qui, en plus, vous assurent des connaissances manuelles appréciables.

Cependant il faut craindre l'erreur. Une instruction moyenne, des connaissances vagues, suffisent-elles ! Il est certain que l'homme avec un tel bagage est capable de monter une usine, de diriger un mécanisme, de mettre en pratique ce que d'autres ont trouvé mais là s'arrête sa capacité et il ne saura pas inventer.

Le génie, oui je le sais, n'est pas toujours l'apanage des plus instruits. Il y a des ouvriers qui ont fait des inventions magnifiques, des découvertes admirables. Je n'ignore pas que c'est Faucault, simple ajusteur, qui trouva le moyen le plus élégant de mesurer la vitesse de la lumière ; mais il faut le dire, que ce sont des exceptions. Jamais l'instruction ne saurait nuire car si elle ne crée pas le génie elle le mûrit et le dirige. Ce serait, à mon avis, faire courir des risques de ruine de déchéance au génie français que de suivre cette voie. Nous avons un passé littéraire et scientifique que nous devons soutenir et notre devoir est de nous souvenir que tous ces hommes qui ont porté si loin la renommée de la France se sont formés par la pratique des humanités. Grâce à eux, notre Patrie a eu plus de rayonnement, plus de gloire que sauraient lui en apporter ceux qui veulent régner par le trust et la finance.

— L'Enseignement secondaire a fait ses preuves : elles sont irréfutables. C'est de lui que sont sortis tous nos dirigeants, tous nos chefs et beaucoup d'artisans de la victoire.

— Au-dessus des tourneurs d'obus, n'oubliez pas de placer ces modestes savants qui, dans leurs laboratoires, cherchaient à combattre les engins meurtriers par des engins plus meurtriers.

Mais de tels hommes ne font guère parler d'eux.

Toujours pris par quelque nouveau travail ils mènent une vie simple et n'attirent pas notre attention ni par ostentation de leur savoir ni par leur train de maison.

— Enfin, j'aborde, pour achever, le procès de l'enseignement secondaire, la méfiance qui pèse encore sur lui, que rien ne justifie, et qui lui fait cependant un mal considérable.

Ses établissements lycées, collèges, sont faits pour des fils de bourgeois, pour ceux qui ont de l'argent, pour se payer le luxe d'une culture générale, pendant plusieurs années, et ensuite s'imposer pendant une autre série d'années des connaissances plus spéciales à leur carrière.

Ce sont là des erreurs grossières qui ne coûtent pas beaucoup de réfuter.

— Le petit Collège surtout n'est pas pour les gens chics ; ce n'est pas le milieu qu'il faut ; à ces modestes maisons d'éducation, ces gens là préfèrent celles des grandes villes, celle de Paris en particulier où leurs enfants pourront coudoyer et fréquenter les fils de gens influents ou titrés.

Les Collèges, comme celui d'Aubusson, sont faits pour les petites bourses. Ils réunissent les élèves pris parmi les petits : les paysans, les ouvriers, les fonctionnaires.

L'enseignement qu'on y donne s'adresse à des enfants qui sans lui auraient été privés des bienfaits de l'instruction, car leurs familles n'avaient pas les moyens de leur offrir des années d'internat dans un établissement d'une ville voisine. — Quant à la culture générale que l'on qualifie de luxe dans cette théorie, je trouve qu'elle est d'une aide précieuse quand elle n'est pas indispensable pour celui qui choisit une carrière. N'est-il pas nécessaire à un avocat de connaître toutes les formes de la langue pour soutenir ses points de droit ? Pardonnerait-on à un médecin, d'ignorer, la chimie jusqu'au point de ne pas faire de différence entre les sels mercureux et mercuriques ?

— Au lieu de discréditer ou bien de supprimer les Collèges, il me semble qu'on ferait œuvre utile en faisant une propagande pour eux. En amenant sur leurs bancs des enfants en plus grand nombre, pour que dans quelques années sortent, en essaims serrés, des sujets plus nombreux, meilleurs puisqu'ils auraient été obtenus par sélection.

Combattre des préjugés, c'est insuffisant. Il faut instituer des bourses pour que les non fortunés, pourvu qu'ils aient du mérite, puissent fréquenter ces Collèges. Souvenons-nous que Pasteur était le fils d'un tanneur et que c'est grâce au Collège du petit chef-lieu de canton d'Arbois que celui-ci a pu devenir un grand homme !

— Le Gouvernement vient par de récents décrets de bouleverser les programmes. Je ne veux pas ici vous ennuyer avec des discussions purement pédagogiques.

J'espère cependant qu'on créera une section d'enseignement moderne. Dans tous les cas ces institutions si critiquées apportent tout au moins une réforme salutaire si on veut l'appliquer en conscience : c'est l'obligation aux instituteurs de diriger les meilleurs élèves vers les Collèges et Lycées.

Nous avons dans notre ville les deux enseignements. Il nous sera donc facile d'opérer le choix dans notre établissement même et c'est ce qui me fait augurer une belle prospérité.— Je ne doute pas, Messieurs, que vous renouvellerez l'engagement décennal. Nous ne pouvons hésiter à grever notre budget de trois à quatre mille francs, quand l'Etat chaque année dépense tant de millions pour la même cause.

— Aubusson sans Collège diminuerait d'importance. Les fonctionnaires hésiteraient à venir dans une ville où il est impossible de faire donner une instruction à leurs enfants.

Enfin la Creuse n'a qu'un seul Collège laïque et c'est déjà très peu pour un département aussi républicain que le nôtre.

Son existence de plus nous assure la propriété de l'immeuble, droit qui peut nous être contesté si l'Ecole primaire supérieure existait seule.

Les charges qui nous incomberont du fait de la coexistence des deux écoles seront sensiblement les mêmes qu'entraînerait l'existence d'une seule école. — Il serait prématuré de vous donner des chiffres puisque l'Etat n'a pas encore fait connaître ses conditions.

Une Commission composée de Maires, Députés, Sénateurs, à la tête desquels se trouve un parlementaire averti, M. Daniel Vincent, ont étudié cette question.

Il est probable que le régime des Collèges sera le même

que celui des écoles primaires supérieures c'est-à-dire que l'Etat payera les traitements du personnel enseignant laissant à la ville l'entretien des locaux et du mobilier.

Le Président de cette Commission a informé M. Connevot, en date du 19 mars 1923, que le Collège d'Aubusson n'était pas du nombre des quelques Collèges supprimés pour insuffisance de population scolaire.

C'est par déférence pour le Conseil municipal que j'ai écrit ce rapport, la question devant être ajournée jusqu'au moment où nous connaîtrons les propositions de l'Etat.

Je crois qu'on pourrait encore mieux faire et créer au Collège un cours secondaire distinct pour jeunes filles. Cette création me semble indispensable dans une ville comme la nôtre. Il est regrettable que les jeunes filles d'Aubusson soient obligées d'aller chercher ailleurs l'instruction. Nous pourrions leur assurer cet avantage sans grands frais. Des salles spéciales au Collège, l'entrée et la sortie de l'établissement à des heures autres que les collégiens seraient faciles à réaliser. Quant aux maîtres ce seraient ceux du Collège qui, n'ayant pas leur maximum, viendraient y faire des cours. On augmenterait ou diminuerait le personnel au prorata de la fréquentation. De cette façon on donnerait satisfaction aux familles qui à justes raisons ne sont pas favorables à l'internat et on éviterait ainsi la co-éducation.

Votre collaboration est indispensable. J'espère que vous voudrez bien faire tous vos efforts pour faire renaître la confiance.

Ne comptez pas sur une prospérité soudaine car si le mal est rapide les progrès sont lents ; mais votre Collège a de très beaux états de service et je vous demande de lui accorder encore quelques années pour qu'il renaisse et montre son utilité.

Aubusson, le 25 Mai 1923.

G. TEYTON,

Adjoint.

www.ingramcontent.com/pod-product-compliance
Ingram Content Group UK Ltd.
Pitfield, Milton Keynes, MK11 3LW, UK
UKHW022144260726
13993UKWH00005B/2142

9 782329 199573